MANDEMENT

DE MONSEIGNEUR

L'ARCHEVÊQUE DE PARIS,

Pour développer et confirmer le Décret du Concile de Paris, CONTRE LES ERREURS QUI RENVERSENT LES FONDEMENTS DE LA JUSTICE ET DE LA CHARITÉ.

(PROPRIÉTÉ. — TRAVAIL.)

PARIS.
LIBRAIRIE D'ADRIEN LE CLERE ET Cⁱᵉ,
IMPRIMEURS DE NOTRE SAINT PÈRE LE PAPE ET DE L'ARCHEVÊCHÉ
RUE CASSETTE, 29, PRÈS SAINT-SULPICE.

1851.

MANDEMENT

DE MONSEIGNEUR

L'ARCHEVÊQUE DE PARIS,

Pour développer et confirmer le Décret du Concile de Paris, CONTRE LES ERREURS QUI RENVERSENT LES FONDEMENTS DE LA JUSTICE ET DE LA CHARITÉ.

Nous, MARIE-DOMINIQUE-AUGUSTE SIBOUR, par la miséricorde divine et la grâce du Saint-Siège apostolique, Archevêque de Paris,

Au Clergé et aux Fidèles de notre Diocèse, Salut et Bénédiction en NOTRE SEIGNEUR JÉSUS-CHRIST.

Depuis que nous avons fait entendre notre voix la plus solennelle pour faire arriver, par-dessus tous les bruits du siècle, à nos enfants spirituels le cri de notre tendresse alarmée, nous avons cru voir, à travers les nuages toujours chargés de tempêtes, le ciel sourire un instant à la terre. Trois ou quatre mille hommes, tantôt prosternés sur le pavé du temple dans l'attitude de l'adoration, tantôt debout chantant de toute leur âme les louanges du Seigneur, rivalisaient d'amour avec les anges, à la Communion eucharistique, au festin de l'éternelle vérité. Nous, cependant, du haut de la chaire sacrée, nous épanchions notre cœur sur cette portion de notre famille religieuse. Nous songions en même temps qu'un pareil spectacle réjoussait tous les sanctuaires de cette grande capitale, toutes les églises du monde catholique. Notre-Dame ne nous semblait plus alors que l'écho de l'immense concert des fidèles sollicitant, de tous les points du globe, les miséricordes divines. La religion nous parlait au cœur son plus doux langage, des larmes de joie coulaient de nos yeux, et nous eûmes, en ce jour de la résurrection, un éclair d'espérance.

Mais, depuis cette triomphante solennité, nous avons regardé autour de nous et au-dessus de nos têtes, nous avons interrogé le ciel, cherchant une suite à ces heureux présages. Hélas ! pourquoi vous le dissimulerions-nous ? Aucun signe n'a paru sur l'horizon qui puisse rassurer notre cœur paternel et diminuer nos alarmes. Le sol tremble toujours sous nos pas. La sagesse humaine est à bout (1) : elle se déclare vaincue, en présence de cet ébranlement universel. Les plus fermes empires, aux termes des livres saints, *penchent* (2) ; la société tout entière, comme un homme ivre (3), chancelle au bord de l'abîme ;

(1) Et omnis sapientia eorum devorata est. *Ps.* cvi, 27.
(2) Inclinata sunt regna. *Ps.* xlv, 7.
(3) Moti sunt sicut ebrius. *Ps.* cvi, 27.

et les peuples effarés regardent au ciel avec anxiété, dans l'attente de ce qui menace le monde.

C'est, Nos très-chers Frères, l'impression commune et la préoccupation générale. L'effroi trouble jusqu'aux plus fortes têtes, et devant cet épouvantable avenir, pas un courage qui ne défaille. « Les Rois s'en vont, » s'écriait, il y a quelques années, un sage de la politique humaine. Chacun répète aujourd'hui, que c'est, hélas ! toute la société qui s'en va : le vieil ordre social s'affaisse, tout tombe, tout se précipite. Mais, nous le demandons aux plus habiles, après cette dissolution du monde moral, lorsque le chaos se sera fait, qui dira à la lumière : Sois ! et à l'ordre : Reparais !

Grand Dieu ! ne pourrons-nous donc pas conjurer la tempête qui mugit et s'avance, ni détourner ce torrent de calamités prêt à fondre sur nous ? Est-il donc toujours nécessaire, selon le plan divin, de passer à travers les angoisses de la mort pour arriver à la vie ? Le retour à l'ordre, à la paix, la rénovation dans la justice et dans le bien ne se font-ils qu'à ce prix ? Nous faudra-t-il les payer, sans aucune remise, par le bouleversement de la civilisation, par toutes les horreurs de la misère ?

Ecoutez, Frères bien-aimés : Dieu nous fait répondre par son Prophète qu'il a fait toutes les nations de la terre guérissables, *et sanabiles fecit nationes orbis terrarum* (1). Ah! il y a donc encore de l'espoir, si nous savons appliquer le remède au mal. Mais quel est le mal et quel est le remède?

Le mal? C'est, au sein du Christianisme, quelque chose de cette haine contre nature entre le riche et le pauvre, que le Prophète comparait, dans les temps antiques, à l'inimitié sauvage entre l'hyène et le chien (2); c'est, d'une part, l'égoïsme et l'avarice; c'est l'envie et la convoitise, de l'autre, c'est, dans tous, l'amour effréné des jouissances matérielles, au mépris de la loi de Dieu que nous foulons sans cesse aux pieds; c'est, au milieu de nos plaisirs, l'oubli des célestes destinées de l'homme; c'est le péché, en un mot : car le péché seul fait les peuples misérables, disent les oracles sacrés, *miseros facit populos peccatum* (3).

Et le remède, alors? Ne le voyez-vous pas! Il est dans la cessation du péché, dans le retour à la dignité de notre nature immortelle, dans la stricte observation de la loi divine, qui veut l'amour fraternel du riche et du pauvre, le dévouement réciproque, l'esprit de sacrifice, le respect de tous les droits, l'accomplissement enfin de

---

(1) Sap. I, 14. — (2) Eccli. XIII, 22. Vers. des LXX. — (3) Prov. XIV, 34.

toute justice : car si le péché rend les peuples misérables, la justice seule élève les nations, les fait grandes et prospères : *Justitia elevat gentem; miseros autem facit populos peccatum* (1).

La JUSTICE éternelle n'éclate sur nous du haut du ciel, que parce que nous l'outrageons sur la terre. L'AMOUR infini ne se retire au cœur de Dieu, que parce que nous le repoussons ici-bas nous-mêmes de nos cœurs.

Donc la JUSTICE et la CHARITÉ, voilà les deux principes qui donneront, dans leur combinaison intelligente, la solution de la terrible énigme proposée par ce sphinx nouveau, accroupi là, devant l'humanité, et prêt à dévorer toute société qui essayera en vain de la résoudre. Par là seulement seront expliqués et dénoués les formidables problèmes sociaux, qui renferment dans leurs flancs obscurs, comme les nuages de la tempête, la ruine ou la prospérité du monde.

Ah! que la justice et la charité entrent profondément et universellement dans nos lois, dans nos mœurs, dans la vie sociale, et le ciel, redevenant serein, nous annoncera encore de beaux jours. La société, alors, accomplira pacifiquement, sous les influences de l'Evangile, avec le secours des enseignements de l'Église, son seul légitime interprète, les transformations succes-

(1) Prov. XIV, 34.

sives dans le bien que la Providence peut lui réserver pour une longue suite de siècles.

Une foule d'esprits honnêtes, nos très-chers Frères, cherchent de bonne foi la solution des problèmes dont tout le monde s'épouvante, dans les combinaisons et les résultats de la science humaine. Ils appellent au secours de la société en péril la philosophie et la législation, la politique et l'industrie. Nous louons leurs efforts, même quand ils sont infructueux, car l'impuissance de leur bonne volonté ne lui ôte rien de son mérite. Mais la science toute seule ne suffit point à nous sauver. Toutes ses tentatives seront vaines, si la foi ne les seconde et ne les appuie. Ah! ce n'est pas trop de toutes les lumières réunies de la foi et de la science pour dissiper les épaisses ténèbres qui nous environnent, et nous faire sortir du dédale dans lequel nous nous trouvons enfermés.

Et cependant, quand nous n'aurions pas trop des deux grands flambeaux du monde des esprits, pour trouver une voie de salut dans cet inextricable labyrinthe, d'où vient la démence qui nous porte à les séparer, que dis-je, à les opposer entre eux, et à chercher à les éteindre l'un par l'autre? Pourquoi ces préventions, ces défiances, cet éloignement, cette lutte insensée entre les hommes de la science et les hommes de la foi? Le flambeau de la foi et le flambeau de la science ne sont-ils pas allumés au même foyer ? Leur éclat ne part-il pas de la même source, du Père de toutes les lumières naturelles et surnaturelles, du soleil éternel des intelligences, du Verbe qui illumine tout homme venant au monde (1), de Celui enfin qui est la voie, la vérité, la vie (2) !

Que la science et la foi se rallient donc, pour travailler au salut commun : la science par ses investigations, ses explorations, ses déductions souvent si admirables, mais pourtant toujours sujettes à l'erreur ; la foi, par ses enseignements divins, que rien ne peut égarer, sur les droits et les devoirs de l'individu, de la famille et de la société.

Nous hommes de la foi, nous déposerons nos défiances, exagérées peut-être, si vous hommes de la science, vous voulez vous dépouiller de vos injustes préventions. Que la foi ne repousse pas les réalités de la science, mais que la science aussi ne repousse pas les vérités de la foi, et tous les problèmes seront bientôt résolus.

La foi prenant sous sa sauvegarde, comme partie intégrante de son domaine sacré, tout ce qu'il y a d'inviolable sur la terre, donne les bases immuables de l'état social, et pose les éternelles conditions de l'ordre. A la science ensuite de

---

(1) Joan. i, 9. -- (2) *Id.* xiv, 6.

construire sur les bases données, pourvu que l'édifice élevé par elle, toujours d'aplomb sur ces larges fondements, ne viole jamais les conditions mêmes de son existence. Qu'elle respecte donc constamment les deux grands principes de la stabilité et de la prospérité des sociétés humaines, à savoir la JUSTICE et la CHARITÉ. Qu'elle s'éclaire toujours, dans son œuvre, des lumières de la foi, dont la mission est de l'avertir de ses erreurs, quand surtout violant les commandements divins, ou blessant l'ordre moral, ces erreurs sapent les fondements éternels de la justice et de la charité.

C'est ce qu'elle fait aujourd'hui par l'organe du concile provincial de Paris.

DÉCRET

CONTRE LES ERREURS QUI RENVERSENT LES FONDEMENTS DE LA JUSTICE ET DE LA CHARITÉ.

« LES circonstances actuelles exigent que nous
» condamnions, comme nous condamnons en
» effet, les erreurs de ceux qui affirment que les
» individus et les familles ne peuvent posséder
» justement et licitement des biens en propre, et
» que les lois civiles qui protégent la propriété
» établissent par cela même l'injustice et la ty-

» rannie. Nous devons condamner encore avec
» plus de force les assertions de ces hommes qui
» osent prétendre que les enseignements de la
» religion, et surtout le précepte de la charité,
» sont favorables à ces erreurs.

» Mais il y a encore d'autres erreurs qui ten-
» dent à relâcher ou à rompre les liens de l'a-
» mour fraternel entre les hommes. La source de
» ces erreurs est cette philosophie perverse qui
» enseigne par ses divers systèmes que l'intérêt
» de chacun est le fondement de toutes les obli-
» gations morales. Par de tels systèmes, per-
» sonne ne l'ignore, non-seulement le sentiment
» de la charité s'affaiblit dans les cœurs, mais la
» notion même de cette vertu s'efface dans les
» esprits. Désirant conserver ou renouveler dans
» toutes les âmes la vraie notion et le sentiment
» intime de la charité, nous condamnons cette
» doctrine impie, et particulièrement ses fu-
» nestes conséquences relativement à l'amour
» du prochain.

» En outre nous exhortons vivement les Curés
» et tous les dispensateurs de la parole divine à
» rappeler fréquemment aux Fidèles cette loi par
» laquelle Dieu a recommandé à chacun d'avoir
» soin de son prochain ; à exposer et à justifier la
» doctrine chrétienne qui impose aux hommes
» des sacrifices réciproques ; à réfuter ceux qui
» rejettent comme impossibles, ou traitent de

» pieuses exagérations les préceptes chrétiens
» sur l'amour du prochain. Enfin qu'ils em-
» ploient tous leurs efforts et tous leurs soins à
» venir, autant qu'ils le pourront, au secours de
» nos frères dans le besoin. Ainsi, la loi évangé-
» lique aura son mérite et sa gloire aux yeux de
» tout le monde, quand on verra le pauvre, mé-
» prisé chez les païens, accueilli et secouru
» parmi nous avec cet honneur et ce respect que
» lui accorde dans l'Église la véritable charité,
» née du précepte de Jésus-Christ.

» Enfin nous recommandons aux Prédicateurs
» de ne pas avoir l'air d'ébranler les fondements
» de la justice en revendiquant les droits de la
» charité, et de ne pas paraître blesser les prin-
» cipes de la charité en défendant les lois de la
» justice. »

Nous ne développerons cette fois que la première partie du décret, qui se rapporte à la justice.

I.

Les éléments primitifs et essentiels de la société sont la Religion, la Famille et la Propriété. Le double principe, dont nous prenons aujourd'hui la défense avec le Concile de Paris, s'applique à chacune de ces trois bases constitutives. C'est, pour ainsi dire, le trépied de la vie sociale, soutenu par les mains de la JUSTICE et couronné par celles de la CHARITÉ. Si vous abattez une de ces colonnes qui portent le monde social, la société tout entière croule, et vous ne pouvez plus en concevoir même la notion.

Premier fondement du monde social, la RELIGION. Elle est la dépositaire des éternels principes d'ordre et de morale, qui *relient* l'homme à la Divinité, avant de le pouvoir *relier* avec ses semblables. Sans elle il n'y a pas de société possible : car sans elle, plus de pacte obligatoire, plus de lois, plus de contrats. Vous ne voulez pas en croire à la parole divine proclamant cette vérité? Écoutez la raison païenne et philosophique dans ce qu'elle a de plus élevé : elle vous dira par la voix éloquente de Cicéron, « Que la base de toute législation, comme le premier appui des États, c'est la crainte du ciel; qu'il faut, avant toutes choses, que les citoyens soient intimement convaincus de l'existence du Dieu suprême; de sa providence, qui gouverne l'univers et en règle les mouvements; de sa puissance, à laquelle sont soumis sans exception tous les êtres; de sa vigilance, qui pénètre jusqu'à nos pensées les plus intimes; de sa justice enfin, qui fait le discernement des hommes pieux et des impies, pour rendre à chacun selon ses œuvres. Sans Dieu, sachez-le bien, vos lois n'ont point de force, parce qu'elles n'ont point de sanction, et l'union des citoyens, poursuit le philosophe, n'est inviolable qu'autant qu'elle est formée sous les regards, et en quelque sorte au tribunal de la Divinité. Voilà le préambule, conclut-il, de toute loi : ainsi l'appelle Platon (1). » Et si ce solennel oracle de la sagesse antique ne suffit pas, elle vous dira encore avec Plutarque, « qu'on bâtirait plutôt une cité dans les airs, que de fonder une société sans religion; » avec Tite-Live, « que la religion seule, après avoir uni les hommes en société, entretient parmi eux la paix et la concorde; » avec Sénèque, « que l'irréligion est pour les nations la source de tous les désordres; la religion et la piété au contraire la source de toute prospérité (2). »

Le Concile de Paris, Nos très-chers Frères, a consacré le titre II du Recueil de ses décrets à défendre cette première base de l'ordre social attaquée par le rationalisme. Nous n'avons pas aujourd'hui à vous en entretenir.

Deuxième fondement de la société, la Famille. La famille est l'élément primordial dont la société se compose, car la société civile n'est qu'une agrégation de familles, et de cette agrégation de familles naturelles résulte la cité, comme

(1) Cicer. *De Legib.* lib. 2.
(2) *V.* Denys, d'Halic. t. VIII Antiq. rom.; Plut.; Tit.-Liv. I, V; Senec. Ep. 95; *V,* encore Sil. ital. II, iv; Phil. de Vit. Moysis.

de la réunion de plusieurs cités résulte la grande famille politique de la nation. Des individus peuvent bien former, par goût ou par convention, une association passagère, fugitive, qui n'aura pas plus de vie que leur caprice changeant, ou leur intérêt variable. Mais la famille seule peut établir entre eux des liens durables, par la procréation et l'éducation des enfants, au moyen de quoi les générations s'enlaçant l'une dans l'autre, les parents ne vivent plus seulement alors de la vie rapide qui leur est propre, mais encore de la vie qu'ils ont transmise à leurs descendants pour perpétuer leur nom avec leur race. De là une vraie unité à la fois naturelle et morale, qui rattache dans le temps et à travers ses vicissitudes, tous les individus issus d'une même tige, en leur inspirant un même esprit, qui les rend solidaires dans la vie de famille, à laquelle ils participent. Cet esprit de famille est le principe de l'esprit national, comme la famille est le rudiment de la nation. Et c'est pourquoi une société civile, quelle que soit la forme de son gouvernement, ne peut pas être constituée ni subsister, si la perpétuité, l'indissolubilité, la sainteté de la famille ne sont reconnues et garanties. Grâces à Dieu, la famille n'est point sérieusement attaquée au moment où nous sommes! Nous avons assez d'autres erreurs à combattre; assez d'autres vertiges nous troublent. Il y a bien eu quelques tentatives dans ces dernières années, mais le bon sens, la raison et la pudeur publique en ont fait justice, avant même qu'elles n'eussent achevé de se produire.

Le Concile de Paris ayant jugé à propos de les passer sous silence, nous ne croyons pas non plus, au moins pour le moment, devoir nous en occuper.

Troisième fondement de la société civile, la Propriété. C'est elle qui assure à l'individu, à la famille, à l'État, le lieu et les moyens d'existence. Car, non-seulement il faut vivre quelque part, mais il faut vivre de quelque chose. Le lieu de la subsistance pour l'homme civilisé exige du temps, du travail, des efforts continus pour être préparé et accommodé à ses besoins, ce qui suppose que ce terrain est à lui, qu'il en a la possession assurée; et comme de ce terrain, il doit faire sortir sa nourriture et celle de ses enfants, ce qui ne peut se faire aussi qu'avec du temps et du labeur, il lui faut encore la garantie qu'il ne perdra pas les fruits de ses sueurs et de son industrie. Rien n'est donc plus aisé à comprendre, qu'il n'y a ni famille ni État possibles sans propriété. Elle est une des conditions de la civilisation, et vouloir la retrancher, c'est, comme nous allons le voir, abaisser l'homme à la vie brutale et aventureuse des animaux. Voilà le côté le plus menacé de l'ordre social et conséquemment de la paix publique. C'est à la propriété que les erreurs de nos jours se sont surtout attaquées, les unes avec toute la violence qu'inspirent d'ardentes et coupables convoitises; les autres avec l'exaltation d'un faux enthousiasme, de cette espèce de fanatisme que donnent des illusions honnêtes dans leur principe : illusions d'autant plus dangereuses qu'elles sont plus sincères et plus désintéressées.

Ce sont ces diverses erreurs que le Concile de Paris a frappées de ses anathèmes, dans la première partie du Décret que vous venez de lire.

Un jour, Nos très-chers Frères, comme le divin Sauveur sortait du temple avec ses disciples, l'un d'eux lui dit : « Maître, admirez : » quelles pierres! quelle structure! Jésus se re» tournant : Vous voyez la grandeur de cette » construction; tout sera détruit, et il ne restera » pas pierre sur pierre (1). »

Après avoir mesuré d'un rapide regard, de la base au sommet, l'ensemble de l'édifice social, nous vous dirons, à l'exemple du Sauveur du monde : Vous voyez la solidité de ce temple, que Dieu a fondé dans les entrailles mêmes de la nature, pour abriter ici-bas l'humanité? Hé bien,

---

(1) Marc, XIII, 1-2.

tout serait renversé de fond en comble, si, par impossible, l'une de ces trois choses venait jamais à prévaloir : l'ATHÉISME théorique ou pratique, la PROMISCUITÉ substituée au mariage, la SPOLIATION de la propriété. Quiconque donc serait assez audacieux pour se faire, au sein de la civilisation et à la lumière du christianisme, le promoteur de tels attentats, devrait être regardé comme un ennemi public du genre humain.

II.

Le bon sens, la philosophie et la religion s'accordent à reconnaître le droit de PROPRIÉTÉ. Tous trois l'autorisent et le proclament, par l'inspiration spontanée, par la réflexion de la science, par la vertu de la parole sacrée.

Commençons par interroger le bon sens et la philosophie, afin de nous préparer à écouter avec plus de respect la grande voix de la Religion, qui est celle de Dieu même.

Le bon sens se déclare d'une manière incontestable par le consentement général des peuples. Il n'y en a pas un dans l'antiquité et chez les modernes, où la propriété, soit privée, soit publique, n'ait été établie comme une chose légitime, quand elle s'acquiert dans les conditions naturelles et sociales qui lui sont inhérentes. C'est un fait universellement reconnu, que toute la civilisation repose sur la propriété, et qu'ainsi prétendre la détruire, c'est vouloir ruiner la civilisation elle-même ; c'est abaisser l'homme, comme tout à l'heure nous le disions, au-dessous même de l'état sauvage; c'est le ramener à un prétendu état de nature, qui n'en serait que la complète dégradation.

A ce consentement général des hommes, il n'y a d'exception, dans toute la suite des siècles, que la voix de quelques philosophes en opposition avec le sens commun par esprit de système, ou le cri de quelques hommes de désordre, qui ne craindraient pas de bouleverser la société pour assouvir leurs convoitises, parce qu'ils trouveraient plus commode de jouir sans peines, que d'acquérir par le travail et au prix de leurs sueurs.

On ne doit pas espérer de convaincre, même par les plus solides raisonnements, ceux qui, outrageant le bon sens à ce point, ne sont portés à cette extrémité, comme il arrive d'ordinaire, que par l'aveuglement et le délire de la passion. Mais il y a aussi des esprits séduits par le sophisme et entraînés par une apparence du bien, à qui on a pu faire admettre avec une certaine confiance, que la propriété est une injustice. A ceux-ci, la philosophie peut donner des raisons, pour leur expliquer la légitimité de la propriété ;

et s'ils sont sincères et de bonne foi, la vérité pénétrera facilement dans leur âme. C'est avec ces hommes que nous voulons raisonner, dans le cas où le simple appel que nous venons de faire au bon sens, c'est-à-dire à la croyance perpétuelle et unanime du genre humain, ne les aurait pas déjà convaincus.

III.

Aux yeux donc de la vraie philosophie, le droit de propriété est-il fondé dans la nature? C'est demander, en d'autres termes, si l'être intelligent et libre peut légitimement par son activité entrer en possession de quelque chose. Nous répondons :

Elevez-vous à la source même de l'être. Dieu de toute éternité, se contemple : car ce qui caractérise l'être intelligent, c'est la puissance de rentrer en soi et de se regarder des yeux de l'esprit pour se connaître. Dieu donc embrasse d'un regard infini tout ce qu'il est en lui-même, afin de se distinguer de ce qu'il n'est pas. Cette vue éternelle lui donne la science totale, soit des réelles magnificences de son être incréé, soit des types sans nombre des mondes réalisables. Or, par cette connaissance, d'où lui vient la conscience de ce qu'il est, il prend, si l'on peut dire, possession de lui-même. Première *possession*, dont il est éternellement investi par l'exercice même de sa souveraine intelligence.

Dieu ne se possède pas seulement par la science de lui-même et de ce qui n'est pas lui, au moyen de son intelligence sans limites. Mais, comme il a une volonté libre, il peut agir pour se manifester à tel ou tel point de l'espace, à tel ou tel instant de l'éternité. Quand il a décrété de réaliser au dehors de lui-même une création, il peut choisir dans le cercle sans fin des mondes possibles. Rien, dans ce choix, ne domine sa volonté souveraine, mais sa volonté souveraine domine tout. Il possède donc toujours son activité créatrice dans la plénitude de son libre arbitre, c'est une seconde *possession* dont sa volonté éternelle l'investit, et qui le rend maître absolu de ses actes.

Dieu est fécond en lui-même d'une éternelle fécondité, sans doute; mais une nature infiniment bonne demande aussi à s'épancher au dehors. Maître de son action souveraine, il a donc créé librement et par amour, voulant faire du bien à des images de lui-même. La création est comme le travail de Dieu ou son activité extérieure en exercice. Le monde que nous voyons et dont nous faisons partie, est le fruit de ce travail. Le fruit de son travail est sa propriété. Dieu seul est donc le possesseur incommutable du ciel et de la terre (1). Et comme l'ouvrier marque son œuvre de son empreinte, pour que sa gloire ne passe pas à un autre, l'architecte de l'univers a imprimé sur chacune des créatures qui le composent, le sceau de sa toute-puissance, de son intelligence et de son amour.

Cette dernière *possession* résume toutes les possessions divines, et c'est dans ce sens peut-être que le Psalmiste s'écriait : « O Dieu ! que » vos œuvres font magnifiquement éclater votre » puissance ; vous avez tout fait avec une souve- » raine sagesse ; la terre est remplie des biens » qui forment votre immense domaine (2). »

IV.

Et maintenant, l'homme, image de Dieu, comme lui activité intelligente et libre, ne pourra-t-il pas, comme lui, posséder quelque chose, et, par similitude, devenir propriétaire (3).

(1) Domini est terra et plenitudo ejus; orbis terrarum et universi qui habitant in eo. Ps. XXIII, 1.

(2) Quam magnificata sunt opera tua, Domine! omnia in sapientia fecisti; impleta est terra possessione tua. Ps. CIII, 24.

(3) Res exterior potest dupliciter considerari. Uno modo quantum ad ejus naturam ; quæ non subjacet humanæ potestati, sed solum divinæ, cui omnia ad nutum obediunt. Alio modo quantum ad usum ipsius rei, et sic habet homo naturale dominium exteriorum rerum, qui per rationem et voluntatem potest uti rebus exterioribus ad suam utilitatem, quasi propter se factis : semper enim imperfectiora sunt propter perfectiora. Et

Si Dieu lui a donné l'intelligence, il est évident que, par la réflexion, apanage de l'être raisonnable, il a la conscience de lui-même : il sait dès lors ce qu'il est et ce qu'il n'est pas, et par cette science de lui-même, il prend véritablement possession de lui-même ; car il dit alors : *mon âme, mon* corps ; son âme est donc *sienne,* et *son* corps lui *appartient.* »

Et s'il a une volonté libre pour agir à son choix, pouvant par elle exercer les facultés de cette âme et les organes de ce corps, diriger où il veut toutes les forces de son être, il *possède* donc en lui-même une puissance d'action. Cette activité libre est évidemment encore de son domaine, et personne ne peut ni la lui contester, ni la lui ravir. Dans toute position de la vie, esclave ou libre, jusque dans les fers, il dira *ma* volonté, *ma* liberté, alors même qu'une force étrangère les tiendra enchaînées.

Et enfin, si par cette puissance d'action, il produit volontairement quelque chose au dehors ; s'il réalise librement une création de ses pensées, devra-t-il être frustré du fruit de son travail, du

---

ex hac ratione Philosophus probat in I. Politic. quod possessio rerum exteriorum est homini naturalis. Hoc autem naturale dominium super cæteras creaturas, quod competit homini secundum rationem, in qua imago Dei consistit, manifestatur in ipsa hominis creatione. Genes. 1 ubi dicitur *Faciamus hominem ad imaginem et similitudinem nostram, ut* PRÆSIT, etc. S. THOMAS, 2ª. 2ᵃᵉ. q. 66. art. 1. c.

résultat de son activité propre, et *son* œuvre ne sera-t-elle pas *son* œuvre, la chose *sienne*, sa *propriété?* Nulle puissance ne saurait le faire, parce que cela implique contradiction. L'usurpation ici ne peut se pallier, elle se trahit dans la langue elle-même : car le maître de l'esclave ne dira jamais *mon* travail, en parlant du travail de son esclave.

L'homme est donc capable de posséder, à l'imitation de Dieu lui-même, et sous sa haute suzeraineté (1). Mais le droit de propriété découle, pour lui, non-seulement de sa nature intelligente et libre, il découle aussi de sa nature bornée et précaire, sujette à toutes les nécessités de la vie. Et remarquez ici, Nos TRÈS-CHERS FRÈRES, l'infinie différence entre le Dieu créateur, et l'homme son image.

L'Éternel n'a nul besoin d'alimenter son être. Il est lui-même la source intarissable de la vie, et quand il se manifeste par une création, ce n'est que pour répandre la vie à flots, et avec la vie tous les biens de la nature et de la grâce. Mais l'homme a des besoins, des besoins impérieux de l'âme et du corps. Ces besoins sont

---

(1) Deus habet principale dominium omnium rerum : et ipse secundum suam providentiam ordinavit quasdam res ad corporalem hominis sustentationem. Et propter hoc homo habet naturale rerum dominium, quantum ad potestatem utendi ipsis. S. THOMAS. 2ª. 2ᵃᵉ, q. 66, art 1, ad 1ᵘᵐ.

l'expression, le cri de la nature finie, qui ne pouvant se suffire à elle-même, réclame les moyens indispensables de sa subsistance. Et comme ces moyens doivent lui être fournis par le monde où il est placé, il doit les y chercher, les y trouver pour réparer et soutenir sa vie.

En un mot, ni par l'âme, ni par le corps, l'homme ne peut vivre sans manger ; il lui faut le pain spirituel comme le pain matériel : et ce pain de l'esprit et du corps, il faut qu'il se l'*assimile* ou le fasse *sien*, il faut qu'il se le rende *propre* ou se l'*approprie*. Il ne sera nourri et conservé qu'à cette condition. L'homme a donc un droit réel, fondé dans la nécessité même de sa nature, à ce qui est nécessaire à sa nourriture, à l'entretien de son existence, pour se conserver vivant ; car celui qui lui a donné la vie, veut qu'il vive, dit le Psalmiste, *et vita in voluntate ejus* (1).

V.

Jusque-là, Nos très-chers Frères, tout le monde est d'accord, à ce qu'il nous semble. C'est la partie évidente, incontestable de notre démonstration. Personne ne peut nier qu'il ne faille manger pour vivre, et qu'en mangeant on ne s'*approprie* les objets consommés. Mais ici commen-

(1) Ps. xxix, 6.

cent les difficultés. On objecte que les hommes étant frères, et par conséquent égaux, tous ont naturellement le même droit à toutes choses, puisque tout a été donné à tous par le Créateur.

Cela serait vrai sans doute et possible, si les objets qui répondent à nos besoins se présentaient à nous tout préparés, et que nous n'eussions aucune peine à prendre, pour les chercher et les disposer à notre usage : comme dans l'âge d'or des poètes, où la terre, produisant spontanément ses fruits, ils étaient au premier occupant ; ou comme dans le désert, quand la manne tombait chaque nuit du ciel pour nourrir le peuple de Dieu. Il n'y avait alors pour chacun, qu'à cueillir ou à ramasser. Mais il n'en va plus ainsi, au moins pour la généralité des hommes. La terre ne produit plus que par les efforts de la culture, et ses produits, déjà arrachés de son sein au prix de nos sueurs, doivent encore être transformés par l'industrie, pour être employés à nos usages.

La condition du travail, dans l'état présent de l'homme, vient donc s'ajouter à celle de la première occupation, pour déterminer et légitimer la propriété d'un objet. C'est par le travail de sa pensée, de sa volonté et de sa main que l'homme donne à une chose la façon analogue à ses besoins, et lui impose de cette sorte le sceau de sa personnalité. Il la marque, pour ainsi dire, de son effigie, comme l'ayant rendue propre à son usage, et pouvant ainsi s'en servir exclusivement, non-seulement par le droit naturel de la nécessité de sa nature, mais encore par le droit moral, acquis par son travail dont il doit recueillir les fruits.

L'homme, par son travail, fait donc passer quelque chose de sa personne dans les objets extérieurs. Il y met de sa pensée, de sa volonté, de sa force, ses peines, ses sueurs, sa vie, sa substance. Il étend sa personnalité sur ces choses, qui deviennent pour lui un nouveau domaine, et il a sur elles, par cette extension, un droit aussi légitime, aussi naturel, que sur les facultés de son esprit et les organes de son corps. Elles deviennent des accessoires, des appendices de son existence, et il peut les donner, comme il donne son temps et sa peine, les transmettre par succession, comme par la génération il communique son sang à sa postérité. Il peut faire tout cela légitimement, parce que, ayant le pouvoir, ainsi que nous l'avons établi, de se posséder lui-même par l'exercice de toutes les facultés qui constituent sa personnalité, il a le même droit de possession sur toutes les choses nécessaires à sa conservation et au développement de sa vie, pourvu, toutefois, que ces choses ne soient pas déjà occupées par d'autres, et toujours à la condition de se les approprier par le travail. Alors personne ne peut plus les lui enlever sans injustice, sans violer les règles éternelles de l'équité, c'est-à-dire, sans ébranler une des bases sur lesquelles repose l'ordre social. Et c'est une nouvelle considération que nous avons à vous présenter, savoir : qu'en détruisant la propriété on détruit du même coup la justice elle-même, qu'il devient dès lors impossible même de définir.

VI.

En effet, la définition de la justice, proclamée par le sens commun et la conscience du genre humain, est qu'il faut rendre à chacun le sien, ce qui lui appartient, ce qui lui est dû, *suum cuique*. Or, cette définition supposant que quelque chose peut légitimement appartenir à chacun, implique évidemment le droit de propriété. Otez donc cette possibilité d'appropriation, supposez que rien ne puisse, ne doive appartenir à personne, et il n'y a plus lieu ni à justice distributive, ni à justice commutative.

Et d'abord, ce qui fait la justice distributive, en tant que justice, ce n'est pas la distribution des choses en elles-mêmes, des emplois et des dignités, suivant le hasard ou le caprice, la faveur ou l'arbitraire ; mais la distribution ou rémunération motivée, sanctionnée par le droit, fondée sur la capacité, sur les services, sur les mérites en un mot. Or, si nous n'avons droit à rien, ou si, ce qui revient au même, tous ont droit à tout, il n'y a plus de raison légale ou méritoire de distribution ou du partage, et dès lors il ne sert plus de rien de travailler, de rendre des services à la patrie, de chercher enfin, dans la famille ou dans l'État, à mériter d'une manière quelconque. Il ne peut plus même être question de mérite, ni de rémunération.

Ensuite il n'y a plus lieu également à la justice commutative, car à quoi bon faire un échange, quand on a droit à toutes choses; et d'ailleurs, si l'on ne possède rien en propre, il n'y a rien à échanger. Le commerce devient donc impuissant comme l'industrie, et nous ne voyons plus à quoi pourraient s'employer sérieusement, activement les membres d'une pareille société, sinon à dévorer avec ardeur le bien commun, en consommant de toutes leurs forces, et en produisant le moins possible. Dans cette fureur de jouissance et de consommation dont tous seraient possédés, personne évidemment ne serait satisfait de son partage. Alors partout une effroyable discorde : des querelles on passerait aux rixes violentes, des rixes violentes aux guerres générales d'extermination, et après que tout serait dévoré, les terres et le travail ne donnant plus leurs fruits, il ne resterait aux rares survivants de cette effroyable anarchie qu'à mourir de faim.

VII.

Enfin, dans un tel état de choses, l'idée la plus commune de la justice morale, de la plus simple équité est détruite. La formule de cette idée est celle-ci : A chacun selon ses œuvres. Le juge suprême ne suivra pas d'autre règle, au dernier jour. Chacun doit recevoir en raison de ce qu'il fait : c'est la base de toute morale et de toute civilisation. Mais cette règle n'a plus de sens ni d'application, si tout appartient à tous, s'il n'y a de droit et de légitimité que dans la possession commune. Le paresseux recevra autant que celui qui travaille, le débauché autant que l'ouvrier honnête ; celui qui ne produit rien, autant que celui qui produit le plus. Il recevra même davantage, car il consommera plus, en raison de son oisiveté, du développement de ses appétits, et du temps qu'il met à les satisfaire.

Aussi la doctrine que nous combattons ici ne dit plus : « A chacun selon son travail ; » mais : « A chacun selon ses besoins ; » c'est l'axiome fondamental de la nouvelle morale. Or, comme ceux-là ont en général le plus de besoins, réels ou factices, qui sont le moins occupés, il suit que l'équité, dans cet ordre de choses, consisterait à donner plus à ceux qui font le moins, et par conséquent à nourrir les fainéants et les dissipateurs des sueurs et de la substance des citoyens laborieux et honnêtes. Voilà la justice qu'on voudrait nous faire !

Nous avions donc raison de dire que, si le droit de propriété n'existe pas, il n'y a non plus ni morale sociale, ni justice; qu'il n'y a plus même moyen de les définir; ou plutôt, que pour les faire comprendre au sens des nouveaux instituteurs des peuples, il faut nier ce que tous les siècles ont affirmé, et prenant le contre-pied de la tradition du genre humain, dire résolument : La justice consiste à donner à chacun ce qui ne lui appartient pas. La maxime éternelle ne sera plus : *Suum cuique;* mais : *Cuique non suum.*

VIII.

Mais laissons la démonstration et tous les raisonnements humains. Si l'évidence de ces principes et de ces déductions, garantis par la raison unanime des siècles, ne suffit pas aux contradicteurs, voici l'autorité du ciel même, dont la grande voix retentit sur le Sinaï, intimant ses commandements à la terre. Elle proclame le droit de propriété, et condamne tout ce qui lui porte atteinte. Et cette voix, qui est celle de l'Éternel, fait entendre cette parole :

« Écoute, ô Israël, je suis le Seigneur ton Dieu : TU NE COMMETTRAS POINT DE VOL (1).

(1) Exod. xx, 15.

Le désir même de dérober le bien d'autrui, ou la complaisance dans la pensée du vol est défendue : Tu ne désireras point de t'approprier injustement la maison de ton prochain : tu ne convoiteras ni sa femme, ni son serviteur, ni sa servante, ni son boeuf, ni son ane, ni rien de ce qui lui appartient (1).

La Religion, fidèle interprète du commandement divin, ne laisse aucun prétexte, aucune illusion au voleur, et elle déclare par l'organe de ses Prophètes et de ses Apôtres, qu'il n'est pas permis de prendre le bien d'autrui, même pour en faire un bon usage : « L'oblation de celui qui
» sacrifie d'un bien usurpé est souillée, et les
» dons des hommes d'injustice sont des déri-
» sions qui ne peuvent être agréables à Dieu (2). »
Et encore : « Le Très-Haut n'approuve point les
» dons des voleurs, il ne regarde point les obla-
» tions des injustes; et il ne s'apaisera pas contre
» leur péché, à cause de la multitude de leurs sa-
» crifices (3). »

Enfin, les oracles sacrés font trembler le voleur sous la menace des plus formidables châtiments du temps et de l'éternité : « J'enverrai la
» malédiction, dit le Seigneur des armées, elle
» entrera dans la maison du voleur, car tout vo-
» leur sera jugé (4). Ne vous y trompez pas, les

(1) Exod. xx, 17. — (2) Eccli. xxxiv, 21. — (3) Id. ibid. 25. — (4) Zachar. v, 3, 4.

» ravisseurs du bien d'autrui, les voleurs n'au-
» ront point de part au royaume de Dieu (1). »

Qu'est-il nécessaire d'ajouter à ces paroles, ou divines, ou inspirées, les témoignages de la tradition ecclésiastique? les Conciles, les saints Pères, les Docteurs n'en sont que les fidèles échos. C'est la voix de l'Église universelle et l'enseignement de tous les siècles.

IX.

Mais c'est peu que la Religion sanctionne directement et en lui-même le droit de propriété, elle le protége encore et l'honore dans sa source, qui est le travail. Elle n'a pas attendu les conceptions des économistes du dix-huitième et du dix-neuvième siècles pour proclamer, au sein de l'humanité, le TRAVAIL comme un des fondements essentiels de la propriété. Seulement, parce qu'elle sait mieux que la science moderne ce qu'il y a dans l'homme et ce qui ressort de sa nature, elle s'est uniquement attachée à présenter le travail comme un devoir (2). Oui le travail de l'esprit ou du corps est le devoir de tous,

---

(1) I Cor. vi, 9, 10.
(2) En disant que la Religion présente le travail comme un devoir, nous n'entendons pas nier que la société ne soit dans l'obligation de faciliter, par tous les moyens possibles, à chacun de ses membres, l'accomplissement de ce devoir.

et comme du devoir naît constamment le droit, le devoir naturel du travail accompli donne le droit sacré à la jouissance régulière des fruits qu'on a produits par son activité intellectuelle ou physique.

La Religion nous apprend donc, Nos TRÈS-CHERS FRÈRES, que le travail est une loi de notre nature, et que l'observation de cette loi a été un devoir pour l'homme, même dans son état primitif, alors qu'il jouissait de l'intégrité de ses prérogatives, qu'il était comblé de toutes les faveurs célestes. Car « le Seigneur Dieu prit » l'homme, dit le récit authentique de son in- » stallation sur la terre, et le plaça dans le jardin » d'Eden pour le cultiver et le garder (1). » Et il paraît qu'à cette culture, à ce travail, le Seigneur attacha le droit pour l'homme de manger des fruits du Paradis terrestre, puisqu'il lui dit immédiatement : « Tu mangeras de tous les fruits » du jardin (2). » Seulement, afin que tu saches que tu ne possèdes la terre avec ses fruits, et les instruments de ton travail, et toi-même que sous ma suzeraineté, comme hommage obligé et protestation de dépendance, comme épreuve nécessaire de ta fidélité, « Tu ne mangeras pas du » fruit qui est au milieu du Paradis des dé- » lices (3). »

---

(1) Genes. II, 15. — (2) *Id. ibid.* 16. — (3) *Id. ibid.* 17 et III. 3.

Mais voici ce qui est arrivé après la révolte et la déchéance. Ce travail qui eût été facile, fécond et plein de charmes dans l'état d'innocence est devenu pénible, stérile et ingrat, à cause du châtiment que l'homme a mérité : « La terre » est maudite à cause de toi, dit le Seigneur à » Adam : tu n'en tireras chaque jour ta nourri- » ture qu'avec un grand labeur ; tu mangeras » ton pain à la sueur de ton front, car elle ne » produira d'elle-même que des ronces et des » épines (1). »

Non-seulement la Religion déclare par les oracles sacrés, que le travail est un devoir naturel, que « l'homme naît pour travailler, ainsi que » l'oiseau pour voler (2) », et que ce devoir, en tant qu'expiation, est devenu plus obligatoire après la chute ; mais partout encore, dans la sainte Ecriture, elle flétrit la paresse comme un vice, et loue le travail comme une vertu.

« Paresseux, va vers la fourmi et considère ses » voies, et deviens sage ; elle n'a ni chef, ni mo- » dérateur, ni maître ; elle prépare sa nourriture » dans l'été, et rassemble sa provision durant la » moisson. Paresseux, jusques à quand seras-tu » couché ? Quand te réveilleras-tu de ton sommeil ? » Encore un peu de repos ! encore un peu de » sommeil ! Oui, mollement étendu, laisse encore

---

(1) Genes. III, 17, 19. — (2) Job. V, 7.

» tomber tes bras sur ton sein, et la pauvreté
» fondra sur toi comme un homme armé, et la
» misère comme un ravisseur (1). »

« Le paresseux est dévoré de stériles désirs,
» mais l'âme du travailleur sera rassasiée (2). »

« La crainte abat le paresseux, les âmes des
» efféminés languiront de faim (3). »

« Le paresseux ne laboure point à cause du
» froid, il mendiera aux jours de la moisson, et
» il ne lui sera rien donné (4). »

« Le paresseux est toujours dans la pau-
» vreté (5). »

« Les désirs tuent le paresseux ; car ses mains
» n'ont voulu rien faire pour les contenter (6). »

« J'ai passé dans le champ du paresseux et
» dans la vigne de l'insensé, et tout était plein
» d'épines. Les ronces en couvraient la face, et
» la muraille de pierre était tombée, et j'ai vu, et
» j'ai appliqué mon cœur, et cet exemple m'a ap-
» pris la sagesse. Tu dormiras un peu, ai-je dit,
» tu sommeilleras un peu, tu mettras un peu tes
» mains l'une dans l'autre pour te reposer, et la
» pauvreté viendra comme un coureur, et l'in-
» digence comme un homme armé (7). »

Peut-on, Nos TRÈS-CHERS FRÈRES, flétrir la paresse en termes plus énergiques, et inspirer plus

---

(1) Prov. VI, 6-11. — (2) *Id.* XIII, 4. — (3) *Id.* XVIII, 8. — (4) *Id.* XX, 4. — (5) *Id.* XXI, 5. — (6) *Id. ibid.* 25. — (7) *Id.* XXIV, 30-34.

d'estime pour le travail. Il est donc vrai que, partout dans les saintes Ecritures, il est représenté comme une conséquence de la nature de l'homme, comme un moyen pour lui de remplir sa destination, et comme la source principale d'où découle le droit de propriété, et avec ce droit toute la civilisation.

X.

Cependant, malgré cette glorification du travail par Dieu lui-même et l'estime qu'on en faisait partout où la vraie Religion étendait son empire, le travail des mains était devenu une ignominie, un vil attribut de l'esclave, chez les nations païennes. La sagesse antique, séparée de celle de Dieu, oubliant la grandeur de l'homme a abusé du droit de propriété, jusqu'à l'appliquer à l'homme lui-même, qu'elle a osé regarder comme une chose, dans le profond mépris de sa destinée ou dans la complète ignorance de sa nature; et par une conséquence nécessaire de cette indignité, elle a obligé cette chose organisée, l'homme, qu'elle mettait ainsi au rang de l'animal, à travailler pour son maître, lequel possédant ce principal vivant et actif, s'arrogeait naturellement le même droit sur l'accessoire et ce qui pouvait en naître, sur les enfants eux-mêmes de l'esclave, comme sur tous les fruits de son travail.

Ainsi la perte de la liberté ou l'esclavage a entraîné le déshonneur du travail qui est devenu la fonction et le caractère de l'esclave. L'honneur du travail périt donc avec la liberté, et aussi le droit de propriété qui en découle. L'esclave en la perdant perd l'instrument, le moyen nécessaire de la possession. Ne se possédant plus lui-même, ne pouvant disposer à son gré ni de sa personne, ni de son corps, comment disposerait-il de son travail, et par son travail des choses qui l'entourent ?

Vous le savez, Nos très-chers Frères, les deux tiers du genre humain, avant Jésus-Christ, étaient réduits ainsi par l'esclavage au rang de la bête de somme, travaillant pour leurs maîtres et à leur gré, sans en retirer d'autres fruits que la misérable pâture qu'on voulait bien leur donner comme à des animaux domestiques. Et cela ne se pratiquait pas seulement chez les nations barbares, ou chez les nations gouvernées tyranniquement, mais au sein même des peuples les plus polis de la Grèce, et là où la liberté politique était le plus glorifiée. Toutes ces fameuses Républiques dont on a tant parlé avaient pour base la servitude, et ces grands citoyens, si fiers de leur liberté, et qu'on nous propose encore quelquefois pour modèles, étaient tout simplement des contempteurs de l'humanité et des exploiteurs de l'homme. L'exploitation de l'homme par l'homme, voilà ce que vous trouverez au bout de toutes les spéculations de la science et de tous les efforts du génie, quand le génie et la science ne sont pas éclairés et dirigés par la lumière de l'Évangile.

Mais voulez-vous voir jusqu'où les plus sages politiques des temps anciens poussaient le mépris du travail, suite nécessaire de ce mépris de l'humanité, écoutez le prince des philosophes, Aristote ; il se fait cette question : « L'artisan doit-il être compté parmi les citoyens ? Non, répond-il ; une bonne Constitution n'admettra jamais l'artisan parmi les citoyens (1). »

Les laboureurs, il les voudrait esclaves. Les artisans et les mercenaires viennent, dans sa pensée, après les laboureurs. Il proclame leurs occupations indignes de l'homme libre. « Ceux qui s'y livrent, dit-il, ont une existence dégradée, où la vertu n'a rien à voir. Ils sont déjà esclaves par l'âme, et ils ne vivent libres que parce que l'État n'est pas assez riche pour les remplacer par des esclaves, ni assez fort pour les réduire à cette condition, comme Diophante l'avait un jour proposé (2). »

Socrate, Platon, Xenophon, Cicéron pensaient

---

(1) Polit. VII, II, 2. — (2) Polit. II, IV, 15.

de même. Les philosophes, amis de Julien, repoussaient du sanctuaire tout ce qui n'avait point une origine sacrée. « Crois-tu, s'écriait Thimistius, que des hommes nés d'un boulanger ou d'un cuisinier, élevés parmi les choses et les instruments de leur état, puissent atteindre jamais à la dignité et à la sublimité de la philosophie (1)? »

Enfin le droit de propriété réduit partout au droit du plus fort; le vaincu exploité dans ses facultés spirituelles et corporelles par le vainqueur; l'homme travaillant forcément comme l'animal au profit de celui qui s'en est rendu maître; et dès lors le travail, si noble aux yeux de la Religion, transformé en attribut de l'esclavage, en fonctions des brutes, en ignominie : voilà le résumé de la civilisation païenne avant la venue du divin Libérateur.

XI.

Le Christianisme a mis fin à toutes ces dégradations, à tous ces attentats contre la nature, consacrés par cette philosophie humaine qui veut tout devoir aux seules lumières de la raison, et qui met toujours sa science et ses théories au service de toutes les erreurs quand elles sont pro-

---

(1) Orat. XXI. V. l'Hist. de l'Esclavage dans l'antiquité, par H. Wallon.

tégées par les puissances. La Religion chrétienne n'a pas craint de les attaquer, ces erreurs formidables, de les combattre, de les réformer au prix du sang de ses Apôtres et de ses Martyrs. Elle a démoli non par la violence et les secousses des révolutions, mais par l'influence et l'autorité de ses doctrines, successivement et peu à peu, toute la civilisation du paganisme dans ses bases principales. Elle a détruit l'esclavage, cette grande colonne de l'ordre social antique, en montrant simplement que tous les hommes sont frères, puisqu'ils ont un même Père qui est au ciel, et qu'ainsi tous étant égaux par nature, pas un n'a le droit de posséder son semblable, de se l'approprier.

L'esclave alors n'étant plus chargé seul de travailler pour faire vivre les autres hommes, ce travail, toujours indispensable, mais devenu volontaire, n'a plus participé à la honte de la servilité. Il a repris la noblesse et la grandeur, tous les droits de son origine, et par le droit surtout de propriété qui en est la première conséquence, il a été réhabilité. Cependant cela n'a pas suffi à la sagesse divine qui, dans ses œuvres d'amour, se proportionne toujours à notre faiblesse. Elle a voulu appuyer l'enseignement par l'exemple, et le Verbe éternel se faisant homme a daigné habiter parmi nous, afin d'honorer, dans sa naissance comme dans sa vie, la pauvreté et le travail.

Le Fils de Dieu descend donc du ciel, et se dépouillant de sa gloire et de ses trésors, le riche de l'éternité, dit saint Paul, se fait pauvre pour l'amour de nous (1). Il naît dans une misérable étable, d'une mère pauvre, ayant pour époux un pauvre ouvrier ; il travaille lui-même de ses mains divines jusqu'à l'âge de trente ans. Il a été pauvre toute sa vie, n'ayant pas même où reposer sa tête pendant tout le temps qu'il a rempli sur la terre sa céleste mission. C'est à de pauvres bergers qu'il fit porter d'abord la bonne nouvelle du salut, et c'est parmi de pauvres bateliers qu'il choisit ses Apôtres pour l'annoncer au monde. C'est toujours aux pauvres, aux faibles et aux petits qu'il adresse de préférence ses enseignements et ses bénédictions ; il vient ouvrir le ciel à toutes les vertus, aux hommes de toutes les conditions, mais, dans son royaume, c'est aux pauvres qu'appartient le premier droit à la béatitude, *Beati pauperes!*

Jésus-Christ, le fils de l'Éternel, pauvre et nécessiteux, gagnant son pain à la sueur de son front, façonnant le bois et transformant la matière dans l'atelier de Nazareth, quel spectacle digne des anges et des hommes ! Quelle glorifica-

(1) II Cor. VIII, 9.

tion du travail et non-seulement du travail de l'esprit et de la pensée, mais encore du travail matériel, du travail des mains! Qui donc osera se plaindre, après cela, d'une vie humble et laborieuse? Et n'y aurait-il pas une sorte d'impiété à mépriser ce qui a été estimé et sanctifié par le Fils de Dieu? Hommes de labeur, ouvriers chrétiens, que vous êtes grands et vénérables dans votre profession, si vous conformez votre vie à celle du divin modèle! vous pouvez être, par l'édification de vos vertus, les sauveurs en quelque sorte de la société mourante.

Les Apôtres et les disciples de Jésus-Christ poursuivent courageusement, après leur maître, cette œuvre de réhabilitation. Saint Paul veut continuer son travail d'ouvrier au milieu des fonctions et des fatigues de son apostolat. Il pourrait, sans doute, réclamer, en toute justice, sa nourriture matérielle de ceux auxquels il dispense les biens spirituels; mais il aime mieux ne la devoir qu'à ses propres mains et à son industrie. Il gagne son pain à force de travail, de fatigues et de veilles, comme il le rappelle lui-même aux Thessaloniciens : « Nous n'avons mangé gratui-
» tement le pain de personne, leur dit-il, mais
» nous avons travaillé jour et nuit avec grand la-
» beur, avec beaucoup de peines, pour n'être à
» charge à aucun de vous (1). »

(1) II Thess. III, 8.

Il dit aussi : « Si quelqu'un ne veut pas tra-
» vailler, qu'il ne mange pas non plus (1), » témoi-
gnant par ces paroles que le travail, comme nous
le disions tout à l'heure, est la loi de l'homme
primitif aussi bien que de l'homme déchu, mais
qu'il est pour celui-ci un devoir plus sacré,
puisqu'il peut y trouver un moyen facile d'expiation, afin de s'acquitter envers la justice
divine.

Mais voici une considération plus touchante
encore, puisée dans l'amour de l'humanité, dans
la tendresse surtout que Jésus-Christ est venu
nous inspirer pour les pauvres. Le grand Apôtre
nous fait voir dans le travail un moyen de sou-
lager nos semblables, et de subvenir plus abon-
damment à leurs besoins : « Que celui qui déro-
» bait ne dérobe plus, dit-il aux Ephésiens,
» mais qu'il s'occupe en travaillant des mains à
» quelque ouvrage bon et utile, afin d'avoir non-
» seulement le nécessaire pour lui même, mais
» de quoi donner à ceux qui sont dans l'indi-
» gence (2). » « Je vous ai montré par mon
» exemple, continue-t-il, comment on peut
» aider les faibles par son travail, en s'inspi-
» rant de cette parole du Seigneur Jésus : Qu'il
» est plus heureux de donner que de recevoir (3). »

---

(1) II Thess. III, 10. — (2) Eph. IV, 28. — (3) Act. Apost.
XX, 35.

Et ainsi le travail se transformant en charité, se revêt du caractère de la plus belle de toutes les vertus chrétiennes. Il devient quelque chose de sublime. La Religion ne pouvait pas l'élever à une plus haute dignité, ni le faire resplendir de plus de gloire.

Enfin, l'Église a toujours recommandé le travail comme un des moyens les plus efficaces du perfectionnement spirituel, non-seulement parce qu'en préservant de l'oisiveté, qui est la mère de tous les vices, il empêche aussi beaucoup de tentations, ou rend capable de les vaincre ; mais surtout à cause des peines, des privations, des efforts qu'il impose pour combattre les nécessités de la vie, surmonter les obstacles, dompter la matière, lui imprimer le sceau de l'intelligence, et l'élever au-dessus d'elle en la façonnant. Oh ! bienheureux donc les pauvres, encore une fois ! Bienheureux ces hommes de labeur, qui, par leurs travaux plus rudes, et aussi par leur plus grande résignation, tandis qu'ils se débattent avec les besoins de l'existence, se montrent de toutes manières plus semblables à Jésus-Christ ! Après avoir souffert patiemment avec lui ici-bas, ils entreront un jour avec lui dans son royaume.

Mais en attendant le bonheur de la vie future, la Religion, par la réhabilitation et l'affranchissement du travail, ouvre pour la vie présente aux classes laborieuses la voie au bien-être, en donnant à toutes les industries humaines, les chances ordinaires de la fortune. Dès qu'il a été mis par le Christianisme en possession de lui-même et de son travail, l'ouvrier a été investi du droit de propriété dans toute son étendue, c'est-à-dire de la faculté de devenir propriétaire.

XII.

Non-seulement le Christianisme a rendu aux trois quarts du genre humain le droit de propriété, non-seulement il a consolidé et sanctionné ce droit par l'abolition de l'esclavage, c'est-à-dire par l'affranchissement de l'homme et de son travail, mais encore il en a garanti le libre exercice et assuré la permanence, en le protégeant, par ses préceptes et ses maximes, dans les moyens de transmission de la propriété, transmission reconnue chose juste par tous les peuples de la terre.

Effectivement, chez toutes les nations du monde civilisé, en vertu du droit social naturel et conventionnel, le père transmet à sa postérité, avec son sang et sa vie, les fruits de son industrie et de ses peines. A qui, selon la justice, voudrait-on que le travail du père profitât, sinon aux enfants? Il y a une raison à la fois naturelle et morale pour qu'ils en profitent de préférence à tout autre, et cette double raison fait la base du droit sacré de l'héritage ; c'est que d'un côté celui qui travaille doit recueillir les fruits de son travail, selon les règles de la justice ; et que, de l'autre, le père ne travaille pas pour lui seul, mais aussi pour ses enfants. Ainsi le travail du père constitue d'une manière inséparable son droit de propriété et celui de ses enfants, sa possession individuelle et celle de sa postérité ; car le père qui est chargé de propager sa race a, par cela même, la mission d'en assurer la perpétuité par tous les moyens possibles et honnêtes. Telle est la loi de nature à laquelle la société doit se conformer, si elle ne veut pas périr, et que la Religion ne pouvait manquer de sanctionner par ses oracles.

Aussi l'a-t-elle fait de la manière la plus formelle. Ouvrons l'Écriture sainte et consultons la tradition catholique. Il est écrit dans le Deutéronome, au dix-neuvième chapitre : « Vous ne re-» muerez point les bornes posées pour séparer les » héritages (1) ; » et au chapitre vingt-septième : « Maudit soit celui qui déplace les bornes de l'hé-» ritage de son prochain (2). » Voilà la légitimité des héritages bien constatée, par ces témoignages de l'ancien Testament.

Dans l'Évangile, Jésus-Christ fait continuellement allusion au droit d'hérédité. Il est venu au

---

(1) Deut. XIX. 14. — (2) *Id.* XXVII. 17.

monde pour nous faire enfants de Dieu, et nous rendre capables en cette qualité de participer à l'héritage du Ciel (1). Il s'appelle lui-même l'héritier du père de famille, que celui-ci envoie à ses fermiers infidèles pour recueillir le prix de sa terre, et que ces méchants serviteurs font mourir, parce que c'est l'héritier, et qu'ils espèrent, en le tuant, s'emparer de l'héritage (2). Il représente partout enfin, dans ses divins enseignements, le fils comme l'héritier naturel du père, et par conséquent comme ayant droit à tout ce qu'il possède : « Mon fils, dit le père du prodi- » gue à l'aîné de ses enfants, est-ce que ce que je » possède ne vous appartient pas (3)? »

Il est vrai que Jésus-Christ, comme nous le voyons dans l'Évangile, refusa de faire le partage d'une succession entre deux frères : « Qui » m'a constitué juge, leur répond-il, pour faire le » partage de vos biens (4)? Mais par l'expression même de ce refus, le droit de succession des deux frères est reconnu de la manière la plus évidente. Il ne s'agissait que de fixer la part de chacun et c'est ce que le divin Sauveur ne veut pas faire, parce qu'il n'est pas venu sur la terre pour s'occuper des affaires temporelles des hommes, mais pour leur procurer les biens spirituels et éternels.

(1) S. Joan. i, 12. — (2) Luc, xx, 14. — (3) *Id.* xv, 31. — (4) *Id.* xii, 14.

La tradition, sur ce point, est parfaitement d'accord avec l'Écriture. L'Église a constamment fait respecter les lois relatives aux testaments. Elle a toujours enseigné que ces lois obligent en conscience. Elle ordonne la restitution du bien volé aux héritiers, quand elle ne peut se faire au premier possesseur lui-même ; et par là, elle déclare la légitimité de la propriété transmise, et la validité de l'héritage.

Tels ont été, dès l'origine et dans tous les siècles, les enseignements de la Religion sur le droit de l'hérédité. Les décisions du Concile de Paris sont donc parfaitement conformes à l'esprit du Christianisme, à la lettre de l'Écriture, et à la tradition ecclésiastique.

XIII.

Ainsi, Nos très-chers Frères, le droit de propriété individuelle est hors de toute contestation. Les lois civiles en règlent bien les conditions, mais ce droit lui-même est dans la nature, et, par conséquent, antérieur à toute législation civile. C'est pourquoi, à toutes les grandes périodes de l'humanité et au milieu des révolutions et des catastrophes qui bouleversent, de temps à autre, le monde moral, comme les tempêtes et les tremblements de terre bouleversent le monde physique, la propriété a pu recevoir, dans sa constitution, des modifications plus ou moins profondes, mais le principe en est toujours resté sacré et inviolable. L'abolition de l'esclavage, puis du servage, puis du droit d'aînesse sont autant de transformations ou de modifications parfaitement légitimes de la propriété ; parce qu'elles ont été réclamées par le progrès des temps et les besoins de la société, et qu'elles sont plus conformes soit aux principes éternels de la justice, soit à l'esprit d'amour et d'égalité qui est l'esprit de l'Évangile. Mais à travers toutes ces transformations ou modifications successives, qui n'ont jamais porté que sur les formes extérieures ou sur les faits accidentels du droit de propriété, c'est-à-dire sur les conditions plus ou moins larges, plus ou moins restrictives imposées à son exercice, toujours le Commandement de Dieu a pu et a dû avoir son application : Tu ne déroberas pas le bien d'autrui.

La propriété est donc fondée en droit aussi bien qu'aucune institution du monde. Elle repose sur la triple base de la loi naturelle, de la loi civile, et de la loi religieuse ; et ainsi, on ne peut la détruire sans faire violence à la nature, sans ruiner la société, et sans fouler aux pieds la Religion. Mais s'ensuit-il que l'exercice de ce droit n'ait pas enfanté des abus ? Et ces abus de la propriété n'ont-ils pas produit, au sein même de l'humanité, pour le soulagement de laquelle elle est établie, des maux lamentables? Personne ne le peut nier, à moins de fermer les yeux à l'évidence et de répudier tous les témoignages de l'histoire. Hélas! la possession individuelle des biens a eu la destinée des meilleures choses du monde. Quoi de plus désirable que la liberté, et quoi de plus détestable que la licence et l'anarchie? Est-il sur la terre rien de plus excellent que la Religion, et peut-on rien trouver de plus funeste que la superstition et le fanatisme? Renoncerons-nous donc à la liberté, et répudierons-nous la Religion, par la crainte des maux dont elles sont l'occasion ou le prétexte? A Dieu ne plaise! car si l'on ne pouvait détruire les abus qu'à ce prix, comme les hommes, avec leurs passions, abusent de tout, il faudrait s'abstenir de penser, de vouloir, et de vivre.

XIV.

C'est ce que n'ont pas compris quelques réformateurs modernes de la propriété. Ils n'en ont vu que les abus; ils les ont merveilleusement observés et constatés; ils les ont même exagérés, comme il arrive toujours; et, pour y remédier, ils n'ont pas trouvé de meilleur moyen que de la détruire. La société est atteinte d'un mal profond : quel est le remède qu'ils proposent? Ils veulent la tuer, pour la guérir.

Ils prétendent constituer une société parfaite, glorieuse, pleine de félicité, telle que nous pouvons l'imaginer dans le ciel. Mais pour cela il faut détruire la propriété qui, à leur sens, est la source de tous les crimes et de tous les malheurs de la race humaine, outre qu'elle est une monstruosité morale, par l'inégalité qu'elle établit entre les hommes. Cependant, comment s'y prendre pour constituer cette société nouvelle, et pour la faire vivre? Il y a deux moyens, selon eux : ou que personne ne possède, ou que tous possèdent également. Ce sont les deux systèmes du *socialisme,* comme ils l'entendent. Examinons rapidement ces deux systèmes, si vraiment de telles conceptions, de pareilles rêveries méritent ce nom.

Mais qu'il soit bien entendu d'abord, que nous ne voulons point improuver ici le socialisme véritable, si l'on veut donner ce nom à cette tendance généreuse qui pousse quelques hommes d'un zèle pur et désintéressé à chercher l'amélioration de la société dans ses institutions, dans ses lois, dans ses mœurs, dans le bien-être de tous et particulièrement des classes laborieuses : tendance chrétienne et louable, digne de nos encouragements, quand ne se réduisant pas à des systèmes et à des phrases, elle leur fait chercher sincèrement et avec persévérance, les moyens les plus propres à réaliser le progrès social, en procurant à leurs semblables une plus grande somme de bien, soit de l'ordre moral, soit de l'ordre matériel.

Les hommes qui sont animés de ce zèle se reconnaissent, du reste, à ce signe, qu'ils veulent perfectionner la société peu à peu, en profitant de tout ce qu'il y a eu de bon dans les siècles antérieurs, ajoutant sans cesse et lentement le mieux au bien, et ne rejetant que ce que l'expérience a démontré funeste ou inutile, agissant, en un mot, pour le développement de la société, comme la nature dans le travail de sa reproduction.

Ils diffèrent donc par là essentiellement de ceux qui s'appellent exclusivement *socialistes*, et qui croient posséder un système, non encore connu ou du moins pratiqué jusqu'à nos jours, et qui, largement appliqué à l'état social actuel, devra le changer complètement, le régénérer à fond, et faire sortir des ruines de l'ancien monde, un monde nouveau, où tous les hommes, à les entendre, seront riches, heureux et parfaits.

XV.

Premier moyen de constituer la société, en abolissant la propriété individuelle : c'est que l'État seul possède pour tous et au nom de tous.

Par-là, disent ces réformateurs, nous verrons naître un ordre réellement plus social et plus humanitaire. Qui peut douter que les liens de la société ne deviennent effectivement plus étroits et plus sacrés, lorsque ses membres seront unis par une communauté totale de travail et de fortune? Alors régnera parmi eux l'égalité la plus parfaite, et personne ne possédant rien en propre, il n'y aura plus entre les citoyens ni jalousie, ni litige, ni vol. Qui songera à dérober ou même à convoiter le bien d'autrui, quand personne ne possédera pour son compte et que chacun pourtant ne manquera de rien? L'injustice disparaîtra de la terre. Le crime enfin sera aboli.

Mais qui donc possédera en définitive, dans ce nouvel ordre social? Personne et tout le monde, répondent-ils, c'est-à-dire, la société tout entière, ou l'État qui la représente. Les terres seront confiées aux citoyens pour être cultivées, et les produits rentreront dans les greniers de l'État. Le travail de tout genre, de toute profession sera distribué entre tous, et chacun travaillera au profit de l'État, qui restera juge de la capacité, des forces, et des besoins des enfants de la commune patrie. La société sera donc une grande famille dont l'État sera le père, qui la gouvernera pour la plus grande gloire de l'association et le bien-être de tous. L'ordre social, de cette sorte, sera élevé à sa plus haute perfection, car jamais l'association n'aura été ni plus intime, ni plus puissante. Voilà de quoi, certes, tenter les plus nobles cœurs ! Peut-on imaginer rien de plus beau, réaliser rien de plus désirable? Tel est le premier système.

Supposons, Nos très-chers Frères, que ce soit là, en effet, le beau idéal de la société, il y a d'abord une réponse générale qui pourrait dispenser des autres : c'est que, sous prétexte de perfectionner l'ordre social, on détruit la société réelle que Dieu a établie, comme la plus conforme à notre nature. On la pervertit dans sa fin et dans ses moyens, en voulant substituer à une réalité imparfaite, sans doute, mais susceptible d'amélioration, un beau idéal chimérique.

La fin véritable de l'État social, n'est pas la société elle-même, mais le bonheur des individus, car la société ne peut pas être sa fin à elle-même. Elle est le moyen de perfectionner l'état moral et physique des hommes, qui, après tout, ne sont appelés à s'associer et à former une communauté civile, que pour devenir meilleurs et plus heureux. Ainsi, la société est pour les individus et non les individus pour la société. Elle doit donc en s'efforçant d'arriver à sa fin sublime, qui est le perfectionnement moral et le bien-être de ses membres, respecter leur nature, leur dignité, leurs droits, sinon elle va à la fois contre la pensée du Créateur et contre la destinée de l'homme : elle renverse tous les fondements de la justice, en outrageant et foulant aux pieds l'image vivante de Dieu dans sa personne, dans sa liberté, dans son travail, dans sa propriété, dans tous les droits enfin qui découlent de l'exercice de ses facultés spirituelles et corporelles. Dépouiller l'homme de ces droits, sous prétexte de le rendre plus heureux, c'est tarir la source principale de son bonheur, c'est le dégrader pour le rendre plus grand, c'est anéantir son humanité pour l'exalter, c'est, nous le répétons, le tuer pour le guérir. L'homme disparaît alors dans le citoyen : il est livré aux caprices de ce qu'on appelle l'État, qui en dispose à son gré, le sacrifiant à son intérêt et à sa gloire, comme dans ces antiques républiques où les citoyens au fond n'étaient pas plus libres que l'esclave. Car si l'un était enchaîné violemment au service matériel de l'État, l'autre était tyranniquement voué à l'idole de sa fausse gloire. Tous deux lui appartenaient, corps et âme, sans aucune exception, au mépris de la dignité humaine.

Or, Nos très-chers Frères, la doctrine de l'Évangile nous apprend que l'homme n'appartient qu'à Dieu, parce qu'il est son ouvrage (1). C'est de lui qu'il tient l'être et toutes les facultés qui

(1) I Cor. III, 23.

le constituent. Il n'y a donc que la volonté divine qui puisse légitimement dominer la volonté humaine ; et par conséquent aucun homme, par lui-même, ne peut faire la loi à son semblable ; pas plus une nation qu'un individu. L'homme ne peut point aliéner sa personne, ni sacrifier sa liberté, si ce n'est à Dieu et pour Dieu. Donc, lorsque, selon les lois de sa nature, il entre dans la société, « afin de mener une vie paisible et » tranquille, en toute piété et honnêteté (1), » comme dit le grand Apôtre, il n'est obligé de concéder de ses droits naturels que ce qui est nécessaire soit à l'établissement, soit au maintien de l'association, et toujours à la condition expresse que ce qu'il n'aliène pas, sera protégé par l'État, garanti par la société elle-même. Il doit donc rester maître de lui, de sa fortune, de ses talents, de son travail, de sa famille, de son avenir, dès qu'il a satisfait d'ailleurs à ses devoirs de sociétaire, à ses obligations de citoyen, quand il a payé enfin sa part de temps, d'argent et de service à la chose publique.

Voilà comment le christianisme, non content d'affranchir l'homme dans la famille, émancipe encore le citoyen de la servitude de l'État : servitude glorieuse, tant qu'il vous plaira, et qui, après tout, ne le saurait être plus que celle de

---

(1) I Tim. II, 2.

ces fières républiques d'autrefois, dont nous venons de rappeler le souvenir, mais toujours servitude réelle de l'âme et du corps, servitude dégradante, puisque le citoyen était regardé et traité comme la matière exploitable de l'État, comme sa chose, comme sa propriété.

XVI.

Mais voyons de plus près l'effroyable despotisme qui est au fond de ce système.

Toutes les richesses territoriales et mobilières seraient donc concentrées dans les mains de l'État, qui en serait l'unique propriétaire, ayant seul le droit d'en jouir et d'en disposer d'une manière absolue, selon la notion même de la propriété. Or, évidemment l'État ne pourrait exercer ce droit de souveraineté sans contrôle sur les choses, qu'à la condition d'être investi pareillement d'une souveraineté sans contrôle sur les personnes. Comment, en effet, pourrait-il être maître absolu de la richesse, sans être maître absolu du travail, qui en est la source? Et comment pourrait-il être maître absolu du travail, sans être maître absolu des travailleurs? Voilà donc dix, vingt, trente millions de travailleurs, sous le commandement sans réplique de l'État : vaste amas de machines humaines, dépouillées, sinon de leur intelligence, au moins de leur spontanéité, travaillant sans choix, par conséquent sans amour, forcément, servilement, comme le veut l'État, autant que l'État le veut, et toujours au profit de l'État!

Mais nous le demanderons à ces habiles politiques, qu'est-ce que l'État après tout ? C'est fictivement tout le monde, dans la réalité quelques hommes seulement qui se diront l'État, qui gouverneront la république, qui posséderont la fortune de la France, qui exploiteront le travail d'un grand peuple, qui règleront et ce que chacun doit produire à l'État, et ce que l'État donnera à chacun, soit en vêtement, soit en nourriture. Mais qui maintiendra dans la subordination ces immenses troupeaux d'esclaves travailleurs ? Comment obtenir d'eux une obéissance et un travail si fort contre nature ? Impossible de l'obtenir autrement que par la crainte des supplices, que par l'appareil des tortures inventées autrefois pour les esclaves. Chaque province, chaque ville, chaque hameau devra donc avoir son terrible proconsul, son commissaire d'État avec pleins pouvoirs de vie et de mort. Partout des préposés impitoyables, un fouet à la main, veilleront à ce que chacun remplisse sa tâche fidèlement, en toute rigueur. Ainsi la civilisation qu'on prétend substituer à l'ordre social actuel, dans l'intérêt, dit-on, des classes laborieuses, serait pour leur malheur et leur opprobre, comme pour l'opprobre et le malheur de tous, le régime du plus affreux despotisme, le régime de la terreur organisée, le régime de l'esclavage antique, le régime des nègres, le régime enfin des bagnes appliqué, non plus au crime, mais à la vertu.

Direz-vous qu'on se prémunira par une bonne constitution et de sages lois contre de pareils excès? Mais toutes les précautions du monde peuvent-elles faire que les conséquences ne sortent pas fatalement de leurs principes? Cependant, admettons que l'Etat, par impossible, ne veuille pas user avec rigueur de son droit absolu de propriétaire; il n'exercera, nous le supposons, aucune contrainte sur les citoyens. Le travail sera donc libre. Mais quand toutes choses appartiennent à tous, et que l'Etat est chargé de pourvoir aux besoins de tous, n'est-il pas évident que chacun ayant droit aux mêmes choses, en raison de ses besoins, n'aura aucun motif pour travailler plus activement qu'un autre, puisqu'il ne lui en reviendra pas davantage? Que disons-nous, il aura, au contraire, toutes sortes de raisons pour prendre le moins de peines qu'il pourra; et la première de toutes ces raisons, la plus naturelle et la plus forte, c'est que l'homme, quoique né pour travailler, est cependant, dans toutes les positions de la vie, porté à jouir sans rien faire. Naturellement paresseux, il aime ses aises et redoute le travail, surtout quand il n'est pas nécessaire à son existence, ou qu'il ne lui rapporte ni gloire ni profit. Et de bonne foi, le ressort de l'intérêt privé et de l'intérêt de famille étant brisé dans son cœur, quels attraits pourrait-il naturellement trouver dans un labeur qui n'aurait pour objet que d'accroître la fortune de l'Etat? Alors quelle langueur dans le travail commun! quel dépérissement de l'industrie! quelle stagnation pour le commerce! La production diminuera à mesure que les besoins augmenteront, chacun se reposant sur l'Etat pour y satisfaire. Tout conspirera ainsi à diminuer le travail, et avec lui la richesse et le bien-être. Malheur donc au peuple qui serait constitué et gouverné d'après de tels principes! On pourrait prédire infailliblement sa prochaine ruine dans les horreurs de la misère, de la faim et de la guerre civile.

XVII.

Mais on allègue l'exemple de l'Église de Jérusalem, laquelle, en établissant cette communauté des biens que l'on prétend impossible, s'est posée comme le modèle du gouvernement le plus parfait devant l'admiration des siècles. On invoque donc l'autorité de l'Evangile à l'appui du système. Oh! nous le voulons bien, mais avec les conditions de l'Evangile. Or, il est dit, dans les *Actes des Apôtres,* que les premiers chrétiens vendaient leurs biens et en apportaient le prix, le déposant aux pieds des Apôtres (1). C'était donc leur légitime propriété, puisqu'ils pouvaient la vendre? Ensuite, ils en apportaient le prix à la masse commune, mais spontanément, parce qu'ils le voulaient. Les Apôtres ne les y obligeaient pas, car ils savaient très-bien que cet abandon volontaire de la propriété avait été proposé par le divin Maître comme un conseil de perfection, et non pas imposé comme un précepte. C'est pourquoi saint Pierre dit à Ananie et à Saphire, qui, en ayant retenu une partie, voulaient cependant paraître avoir tout donné : « Pourquoi mentez-vous au Saint-Esprit ? N'étiez-vous pas libres de conserver ce que vous vouliez (2) ? »

La donation était donc pleinement libre, et on la faisait dans l'âge adulte, avec pleine jouissance de sa raison, avec plein consentement de sa volonté. Est-ce ainsi qu'on l'entend ? A la bonne heure : personne n'a le droit de s'opposer à ceux qui veulent s'unir de cette façon, à l'exemple des premiers chrétiens et dans les mêmes conditions. Mais vouloir associer forcément, dans une communauté semblable, tous les membres d'une grande nation ; réunir ainsi, par un Décret, trente-six millions d'hommes, sans demander à chacun si cela lui convient ; les dépouiller de

---

(1) Act. Apost. IV, 34, 35. — (2) *Id.* V, 4.

leurs maisons, de leurs champs, des fruits de leurs travaux, c'est tout à la fois le renversement du sens commun et des règles éternelles de la justice. On est bien obligé de convenir que l'Evangile ne renferme rien de pareil, et que l'Eglise n'a jamais procédé de la sorte.

Mais les couvents, dit-on, ne représentent-ils pas, encore de nos jours, la perfection de l'association ? Toutes les propriétés mises en commun sont ainsi administrées par les Supérieurs, qui donnent à chacun le nécessaire de la vie. Cela est vrai, Nos très-chers Frères; mais les conditions mêmes d'existence de ces associations d'âmes privilégiées, de ces familles angéliques, formées par la Religion au sein de la corruption du siècle, démontrent de plus en plus l'impossibilité de l'ordre social qu'on nous propose. L'Eglise demande d'abord que ces âmes d'élite s'y engagent : premièrement, par vocation divine ; deuxièmement, avec une complète liberté de choix; troisièmement, dans l'intention d'arriver à une perfection plus haute. Ensuite, elle déploiera, pour les conduire à cette fin, toute sa puissance morale et spirituelle, les terreurs de ses menaces, la magnificence de ses promesses, les consolations de la prière, les grâces de ses Sacrements. Est-ce tout? Non : pour cette vie de communauté, il faut se dépouiller de ses passions. Alors, comme triple serment de guerre à outrance contre l'*orgueil,* la *cupidité,* la *volupté,* elle fait prononcer les trois vœux d'*obéissance,* de *pauvreté* et de *chasteté.*

Pour obtenir politiquement les mêmes avantages, il faudrait donc prendre les mêmes moyens. Mais comment demander à tous les citoyens d'une grande nation les trois vœux qui, en enchaînant les passions, assurent l'ordre, la paix et la perfection d'une communauté religieuse? La propagation du genre humain par le mariage, l'autorité naturelle et indispensable du père de famille, et la nécessité des biens matériels pour l'éducation des enfants sont incompatibles avec de tels engagements. Ne demandez donc pas la fin, si les moyens sont impossibles, et concluez, avec le simple bon sens, qu'une nation n'est pas un monastère.

XVIII.

Le second système social qu'on propose pour détruire les iniquités de la propriété actuelle, c'est que tout le monde possède également : car Dieu, disent-ils, a donné la terre au genre humain; donc tous les hommes ont le même droit à toutes choses.

D'abord, le principe que tous ont le même droit à tout, n'est pas vrai d'une manière absolue, mais seulement, comme nous l'avons dit, avec la condition d'abord, de l'occupation première, ensuite de l'appropriation par le travail. Mais enfin, supposons le principe vrai, voyons comment nous pourrons le mettre en pratique.

Vous allez demain arracher les bornes de tous les champs, renverser les murs de toutes les propriétés. Vous proclamerez la loi agraire, et vous forcerez tous les citoyens de faire la déclaration exacte de tout ce qu'ils possèdent. Vous ferez de toutes les richesses une masse commune, et, après le dénombrement des citoyens, vous partagerez également, assignant à chacun sa part. Chacun donc va se mettre à l'œuvre, avec le fonds qui lui est dévolu. Les uns, actifs et économes, travailleront, récolteront, réaliseront, et ils auront bientôt du superflu et de l'opulence, tous les conforts enfin de la richesse. Les autres, paresseux ou dissipateurs, commenceront par se divertir, se livrant à leurs passions, satisfaisant leurs appétits, et leur terre demeurera inculte, et leur argent dormira stérile, et tout leur avoir, en peu de temps, sera dévoré.

Ainsi, le lendemain du partage, vous retrouverez ces mêmes inégalités de fortune que vous appelez de criantes iniquités. Cependant, à qui la faute, cette fois? Accuserez-vous encore de vol ceux qui auront conservé, fécondé, accru la part que vous leur aurez faite? Les autres n'étaient-ils pas libres de travailler et d'épargner comme eux, au lieu de dissiper leur bien dans l'oisiveté et la débauche? Les laborieux seront-ils encore obligés de nourrir les paresseux ; et parce que ceux-ci auront dissipé leur part, prétendrez-vous qu'ils ont acquis un droit sur la part des autres? Vous n'oseriez l'affirmer : ce serait renverser toutes les notions de la justice et du sens commun.

Recommencez l'épreuve, et vous aurez toujours le même résultat, car toujours vous aurez des hommes laborieux et paresseux, des habiles et des ineptes, des économes et des dissipateurs. Toujours avec le fonds égal de terre ou d'argent que vous donnerez à chacun, vous lui laisserez aussi son fonds naturel ou acquis de vertus et de vices, de bonnes qualités et de passions mauvaises, de force et de faiblesse, et ainsi vous retrouverez nécessairement l'inégalité après ces partages égaux, par lesquels vous aurez bouleversé la société.

XIX.

Ce n'est donc ni à la propriété ni à l'ordre social qu'il faut s'en prendre pour améliorer la condition des hommes, c'est aux hommes eux-mêmes; car eux-mêmes sont les instruments de leur bonheur et de leur malheur, par leur activité bien ou mal dirigée. Tant que dominés par la concupiscence, ils se livreront aux funestes passions engendrées par elle, le désordre du cœur et de l'esprit passera nécessairement dans la conduite et dans les affaires.

Si l'homme était encore dans l'intégrité primitive de sa nature, dans toute l'harmonie des premiers jours; si le péché n'avait pas brisé en lui l'unité des diverses parties de son être, qui en faisait une si parfaite image de son Créateur; si les passions désordonnées, introduites dans le monde par un criminel usage de sa liberté, ne l'avaient pas mis en guerre avec Dieu, avec ses semblables et avec lui-même; si d'une part les instincts et les appétits du corps n'étaient pas en lutte incessante avec l'esprit, et ne combattaient pas sa raison, reflet de la raison divine; et si, d'autre part, la terre où l'homme habite avait continué à être pour lui un lieu de bénédiction et de délices, lui fournissant spontanément tout ce que réclament ses besoins et ses désirs; s'il n'était pas nécessaire de la déchirer par le fer, de l'arroser de ses sueurs et d'en façonner laborieusement les produits par les efforts de son industrie : alors, nous le comprenons, on pourrait établir l'égalité que l'on rêve, dans la possession des biens de cette vie, ou plutôt elle s'établirait d'elle-même par la seule force des choses, et rien, dans cette heureuse condition du monde, ne serait capable de la détruire.

Mais hélas, il n'en est plus ainsi, depuis que le péché a troublé si profondément l'humanité, et l'a fait dévier de ses destinées immortelles. La concupiscence de l'homme, suite fatale de sa révolte contre Dieu, a tout bouleversé en lui et hors de lui, et tant qu'elle ne sera pas vaincue par la liberté humaine, aidée de la grâce de Jésus-Christ, et remise ainsi sous le joug de la volonté divine, elle portera ses fruits de désordre et de mort dans la société. Elle excitera toutes les exaltations et les entreprises de l'orgueil, toutes les cupidités de l'ambition et de l'avarice, tous les amours effrénés de la jouissance matérielle, toutes ces mauvaises passions, filles de l'égoïsme, qui dégradent les hommes et les mettent aux prises les uns avec les autres, suivant cette parole remarquable de l'apôtre saint Jacques : « D'où » viennent les guerres et les litiges entre vous, » toutes ces déplorables discordes? N'est-ce pas de » vos propres convoitises qui combattent d'abord » au-dedans de vous-mêmes, dans votre propre » chair, contre les éternelles lois de Dieu : *Unde bella et lites in vobis? Nonne hinc : ex concupiscentiis vestris, quæ militant in membris vestris* (1)? »

(1) Ep. Jacob, IV, 1.

XX.

Cependant, pour le salut du monde et l'honneur encore de l'humanité, ces lois éternelles triompheront toujours des théories hasardées, par lesquelles, au nom d'une égalité chimérique, on essayerait d'altérer la constitution fondamentale de l'ordre social. L'égalité dans le droit de propriété en l'état présent de notre nature, demande une seule chose, et la justice éternelle la veut aussi : C'EST QUE CHACUN JOUISSE DES FRUITS DE SA PROPRE INDUSTRIE, GRANDE OU PETITE : c'est que d'une part, le riche puisse hériter du château de ses aïeux, comme le pauvre, de la chaumière de ses pères, parce que la chaumière et le château sont également respectables devant la loi divine ; c'est que, d'autre part, celui qui ne possède rien aujourd'hui puisse demain acquérir, au moyen de son travail, de ses économies, et posséder aux mêmes titres.

En deux mots : le TRAVAIL EST SACRÉ ; la PROPRIÉTÉ EST INVIOLABLE. Là, dans l'ÉQUILIBRE et le respect de ces deux grands intérêts, se trouve un des premiers éléments de la solution des problèmes sociaux, qui peuvent se présenter aux gouvernements humains, et qu'il ne nous appartient pas de résoudre. Mais nous vous répéterons ici ce que nous disions dans notre dernier Mandement, que la société ne peut être raffermie et consolidée que si les pouvoirs qui la dirigent tiennent à l'avenir, d'une main sûre et impartiale, la balance divine qui pèse également les devoirs et les droits, soit du riche, soit du pauvre. Telles sont les règles de la souveraine équité que proclame l'Eglise. Voilà aussi la véritable égalité quant à ce droit fondamental dont nous avons pris la défense, avec le Concile de Paris, dans l'intérêt autant des travailleurs que des propriétaires, pour leur faire éviter de funestes malentendus, d'où naissent trop souvent les haines et les guerres civiles.

Écoutez notre voix, Frères bien-aimés, écoutez la voix de votre Archevêque et de votre Père, qui donnerait volontiers son sang jusqu'à la dernière goutte, pour cimenter la réconciliation de ses fils spirituels et assurer leur bonheur du temps et de l'éternité. Oui, on vous calomnie tour à tour, les uns auprès des autres, pour vous diviser, vous tous enfants de la même patrie, tandis que les citoyens d'un même État, comme les membres d'un même corps, ne peuvent avoir de force et de bonheur que par l'association de leurs travaux et le concours de leurs volontés.

Travailleurs, ouvriers, artistes de cette grande cité, nous vous connaissons, nous vous avons vus de près, nous vous avons visités dans vos ateliers et dans vos demeures. Lorsque nous vous rappelions les devoirs de l'ouvrier chrétien, pleins d'un respect filial, vous nous paraissiez suspendus à nos lèvres. Si quelquefois nous avons essayé de vous prémunir contre ces doctrines qui épouvantent la société, oh! comme nous avons vu alors votre probité et votre bon sens se révolter? Non! vous ne nourrissez point dans vos cœurs des projets d'injustice et d'anarchie. Nous en avons pour garant, les témoignages de vénération profonde dont vous avez entouré, dans notre personne, la Religion, cette protectrice de tous les droits, quand, à pied, sans appareil, avec notre parole et notre amour, nous nous sommes présenté à vous à l'église, aux écoles, dans les ateliers, dans les rues, sur les marchés et les places publiques. Nous nous plaisons en ce jour à le proclamer à la face du monde, nous n'avons jamais découvert en vous, lorsque les passions politiques vous cachant le véritable état des choses ne vous ont pas égarés, qu'un admirable amour de l'ordre et du travail, que les nobles instincts du devoir et de la vertu. Heureux, si pour donner leur complet développement à ces germes sublimes, la Religion vous voyait plus souvent dans ses temples venir y recevoir les influences de sa doctrine, de ses prières et de ses sacrements, ses consolations et ses espérances! Ah, ne l'oubliez pas, vous serez toujours l'objet de ses plus grandes sollicitudes comme de ses plus vives tendresses.

Nous vous connaissons aussi, vous, qui jouissant des biens de la fortune, sans être astreints à ce travail des mains, consacrez cependant au service de la patrie un labeur d'un autre genre, celui de l'intelligence et du dévouement, vous tous hommes que la Providence a placés dans les conditions élevées de la société. Vous avez considéré notre demeure comme le terrain neutre où toutes les opinions honnêtes pouvaient, sous les auspices de la Religion, se montrer et se donner la main. Tous les partis sincères, vous êtes là pour l'attester, s'y sont donné rendez-vous. Hé bien, n'est-il pas vrai que, lorsque nous vous racontions ces détails de nos visites pastorales, vos cœurs étaient émus? Vous applaudissiez à l'éloge que nous faisions de vos frères, de nos enfants des faubourgs. Loin d'avoir surpris dans vos âmes de la dureté pour ceux qui portent le poids le plus pesant de la vie, nous n'y avons vu que bienveillance, compassion, humanité. Du cœur de vos femmes surtout s'épanchent incessamment sur toutes les infortunes d'inépuisables trésors en secours et en consolations. Nous venons d'ordonner à l'une de nos commissions administratives de publier le tableau des œuvres permanentes que la charité a créées dans notre diocèse. Or, cette histoire n'est-elle pas principalement la vôtre, chrétiens à qui ont été départies les richesses de ce monde? Ne réfute-t-elle pas éloquemment les calomnies dirigées contre vous?

Donc, Nos très-chers Frères, que toute méprise cesse; dépouillez-vous de vos préventions, et vous réunissant, comme enfants du Père qui est au ciel, dans un amour fraternel et sincère, n'attendez l'amélioration de l'ordre social, qu'on semble vouloir demander à des révolutions nouvelles, que de la loi naturelle du progrès, progrès d'autant plus sûr qu'il est plus pacifique.

Mais ce n'est pas à vous seuls, Nos très-chers Frères, qu'on impute des sentiments qui ne sont pas les vôtres, on dirige contre l'Église elle-même des calomnies analogues, et nous croyons, en finissant, devoir emprunter, pour les réfuter, les paroles mêmes du Concile de Paris.

« Il est faux de dire que l'Église ne compatit pas au sort des malheureux en ce monde. Comme une bonne mère, l'Église aime tendrement tous ses enfants sans distinction, et elle les soutient par tous les moyens qui sont en son pouvoir. Mais le pauvre peuple, les ouvriers et les indigents, tous ceux que presse la misère, ce sont ceux-là surtout, qu'à l'exemple de notre Seigneur Jésus-Christ, elle entoure d'un amour plus empressé, d'une plus vive sollicitude. N'est-ce pas son esprit qui chez nous inspire cette vive et fervente charité à tant de chrétiens riches, à ces jeunes gens d'élite, à ces femmes si vertueuses, à ces vierges consacrées à Dieu, par la main de qui l'Église répand sur les pauvres tant de bienfaits, toutes les consolations divines et humaines, et couvre leur nudité de l'abondance de sa charité?

» On calomnie l'Église quand on lui fait dire, à propos de l'inégalité des conditions, que tous les malheureux accablés par le travail, et qui souffrent toute espèce de misères, sont comme immuablement et fatalement enchaînés à leur infortune, à laquelle on ne peut ni on ne doit apporter aucun remède. Cette opinion détestable, qui a régné autrefois chez les païens, est tout-à-fait étrangère à la doctrine chrétienne, et l'Église la rejette avec horreur.

» Il est faux que la doctrine évangélique sur l'utilité spirituelle de la souffrance, et sur la sanctification qui peut en résulter, doive être entendue en ce sens, qu'il ne serait point permis aux chrétiens de désirer ou de chercher un soulagement à leurs maux. Car l'Église leur enseigne à dire chaque jour à Dieu dans leur prière, *délivrez-nous du mal*, et le mal dans cette vie, c'est d'abord le péché, et ensuite la misère et toute espèce d'affliction ; et en toute occasion, l'Église déclare qu'il est permis et honorable à tous ceux qui manquent des biens de cette vie, de tâcher, par un travail courageux et des moyens honnêtes, non-seulement d'adoucir la rigueur de leur condition, mais encore de se procurer avec le secours de Dieu, une position plus heureuse.

» Il est faux enfin que l'Église désapprouve les investigations de la science, et les sages tentatives de l'autorité, pour améliorer le sort des classes indigentes. Nous déclarons au contraire tout-à-fait louables et parfaitement conformes à la piété chrétienne tous les moyens salutaires, qu'on peut inventer et mettre en œuvre à cette fin.

» Mais tout en compatissant aux souffrances des hommes, l'Église catholique qui apprécie à leur juste valeur des biens qui passent, avertit tous ses enfants, riches et pauvres, d'élever surtout leurs regards vers les biens éternels; elle sait que le monde, où sont la mort et le péché, ne sera jamais exempt de douleurs, et que, quoi qu'on fasse, les plaisirs de la terre ne pourront jamais rassasier cette faim de bonheur, qui ne sera assouvie que par la possession éternelle de Dieu. Nous n'avons point en effet ici-bas de cité permanente, mais nous en cherchons une dans l'avenir où Dieu essuiera toutes les larmes de nos yeux; où il n'y aura plus ni mort, ni deuil, ni gémissement, ni douleur; car les premières choses auront disparu.

» Plaise à Dieu, qu'instruits par ces avertissements, les écrivains que nous avons en vue s'abstiennent désormais de calomnier injustement l'Église, afin que, cherchant tous d'un commun effort, et avant tout, le royaume de Dieu, le reste nous soit donné par surcroît, et qu'ainsi nous passions à travers les biens du temps de telle façon que nous ne perdions pas ceux de l'éternité (1). »

Et sera, notre présent Mandement lu au Prône de la Messe paroissiale, dans les Églises et Chapelles de notre Diocèse, le Dimanche qui en suivra la réception.

Donné à Paris, sous notre seing, le sceau de nos armes, et le contre-seing du Secrétaire général de notre Archevêché, le jour de la Pentecôte, 8 juin mil huit cent cinquante-un.

† MARIE-DOMINIQUE-AUGUSTE,
Archevêque de Paris.

Par Mandement de Mgr l'Archevêque,
COQUAND, *Chan. hon. Secrét. gén.*

(1) Concil. Parisien., tit. II, c. VI.

PARIS. — IMPRIMERIE D'ADRIEN LE CLERE ET Cᵉ,
IMPRIMEURS DE N. S. P. LE PAPE ET DE L'ARCHEVÊCHÉ,
Rue Cassette, nº 29, près Saint-Sulpice.